Diogenes Kinder Taschenbuch 25061

Titel der amerikanischen Ausgabe:
›The Sorcerer's Apprentice‹
© 1969 Text Barbara Hazen
© 1969 Illustrationen Tomi Ungerer
Aus dem Amerikanischen von Hans Manz
Die deutsche Erstausgabe erschien 1971
im Diogenes Verlag.

Veröffentlicht als Diogenes Kinder Taschenbuch, 1982
Alle Rechte vorbehalten
Copyright © 1971 by
Diogenes Verlag AG Zürich
100/82/10/1
ISBN 3 257 25061 4

Vor langer Zeit lebte ein Zauberer, der ein besonders geschickter und kluger Erfinder von Zauberbeschwörungen war. Er konnte stolze Prinzen in gewöhnliche Feldmäuse und wertlose Kieselsteine in pures Gold verwandeln.

Und sich selber konnte er – hast du nicht gesehen – in einer blauen Pulverwolke zum Verschwinden bringen.

Der Zauberer wohnte in einem Zauberschloß, das hoch, höher als alle anderen Häuser, über dem Rhein thronte. Die mächtigen Schloßtürme stachen mit den spitzen Helmen in den Himmel. Und im Innern des Zauberschlosses wand und schlang sich ein Gewirr von Gängen und Gewölben bis in den tiefen, feuchten Keller hinunter.

Dieser Keller war die Werkstatt des Zauberers. Eine Wand des Kellers war mit speckigen, fleckigen Büchern angefüllt, die in Leder gebunden auf den Gestellen standen. Und unter diesen Büchern fiel eines auf, weil es schwerer und dicker war als alle andern. Es hieß *Gesammelte Zauberformeln und Beschwörungen* und enthielt alle Geheimnisse des Zauberers, alle seine Kniffe und Tricks, all seine Verwandlungsworte und Beschwörungen.

Der Zauberer verschloß es stets in einem Kästchen und trug den goldenen Schlüssel dazu immer um den Hals. Außerdem stand die Eule mit den blauen Augen darüber Wache.

Auf der entgegengesetzten Seite des Kellers war das Zauberlaboratorium, vollgestopft mit einer Dörranlage, mit dem kosmischen Ofen, mit Filterapparaten, in denen der Zauberer seine Zaubermittel braute. Daneben drängten sich Mörser, Schnabelflaschen, Krüge, dampfgefüllte Bauchgläser, stapelten sich magische Steine, die bereit lagen, um für Zaubertränke gebraucht zu werden.

In der Mitte der Werkstatt aber stand die große Wasserwanne. Jeden Tag mußte sie gefüllt werden. Schwere, überschwappende Wassereimer mußten vom Rhein die vielen, vielen steilen Treppenstufen heraufgetragen werden.

Das war die Aufgabe des Zauberlehrlings Humboldt. Er hatte die Eimer zu schleppen. Humboldt war ein munterer, lustiger, manchmal etwas fauler Junge, der später auch einmal Zauberer werden wollte. Er besorgte die Putzarbeiten; dafür unterrichtete ihn der Hexenmeister in der Zauberkunst. Humboldt liebte diesen Unterricht, aber er haßte seine Pflichten. Besonders das Fegen der Böden und das Schrubben der Gänge waren ihm zuwider. Am allermeisten verwünschte er jedoch das Wasserholen über all die Treppenstufen, die kein Ende nehmen wollten.

Humboldt hüpfte lieber frei herum, peitschte den Kreisel oder spielte mit der Katze des Zauberers. Er lag vergnügt auf der Uferbank, blickte auf den Fluß und pfiff auf der Flöte und auf die Arbeit.

Der Meister wußte das wohl, denn er kannte diese Sorte Burschen. Und wenn er Humboldt herumlungern, faulenzen, den Tag vertrödeln sah, trug er ihm die doppelte Arbeitslast auf.

Humboldts Murren und Knurren halfen gar nichts. »Ein Lehrling muß lernen und arbeiten. Von selbst fallen dir die Zauberkräfte nicht in den Schoß«, sprach der Zauberer. »Man muß sich die Fähigkeit zur Zauberei erwerben. Sie ist mehr als das Herunterleiern von Beschwörungen. Magie ist Macht, und Macht muß weise genutzt werden. Du wirst das eines Tages sehen – vielleicht.«

Eines Tages bekam der Meister die Einladung zu einer Zusammenkunft der Zauberer im Schwarzwald. Bevor er ging, stieg er auf der Leiter zu seinem dickleibigen Zauberbuch hinauf und schrieb sich einige Dinge heraus.

Dann sprach er zu Humboldt: »Die Zauberer und Magier aus aller Welt sind zu einer Versammlung eingeladen. Ich muß sie treffen. Hüte mir das Schloß, erfülle gewissenhaft deine Pflichten. Ich erwarte, daß du inzwischen die Gläser blankreibst, die Messingmörser polierst und daß auf den Böden bei meiner Rückkehr auch nicht der Rand eines Fleckens zu sehen ist. Und damit ich es nicht vergesse: Der Wassertrog muß immer exakt bis zum Rand voll sein. Ich hoffe, daß du niemals ruhst, bevor du die Arbeit wirklich getan hast!«

Dann hängte der Hexenmeister seinen Mantel um, murmelte einige Beschwörungen und verschwand – pfffft – in einer Wolke blaßblauen Pulvers, das sich sogleich auf den Möbeln und Böden festsetzte.

»Als ob ich nicht sonst schon genug zu tun hätte«, murrte Humboldt. »Mir halst er immer mehr Arbeit auf, und sich gönnt er das Vergnügen. Das ist ungerecht. Während er, der Meister, ein paar Zauberworte herunterschnurrt, habe ich mich abzurackern wie ein Knecht. Er hat die Macht und erst noch den Spaß.«

Humboldt sah sich mißmutig in diesem lästigen Staub und Schmutz um, als seine Blicke plötzlich von einem glänzenden Ding angezogen wurden. Der goldene Schlüssel! Er lag auf dem Zaubertisch! Der Meister war in so großer Eile verschwunden, daß er vergessen hatte, den Schlüssel mitzunehmen. Welch ein Glück! Welche Gelegenheit!

Humboldt packte den Schlüssel. Jetzt kam es nur noch darauf an, was die Eule tat. Humboldt schielte zu ihr hinauf und sah, daß sie schlief.

Augenblicklich kletterte Humboldt die Leiter hoch. Seine Hände zitterten vor Aufregung, als er das Kästchen aufschloß. So leise wie möglich blätterte er die Pergamentseiten durch. Kreise, Sterne und andere geheimnisvolle Figuren waren darauf abgebildet. Die meisten Wörter waren in einer fremden Sprache aufgeschrieben.

Aber dann entdeckte Humboldt unter dem Titel *Besenzauber* einen Zauberspruch, den er verstand: »Besen, die nach deinem Willen alle Wünsche prompt erfüllen.«

›Das bedeutet‹, dachte Humboldt glücklich, ›daß der Besen tut, was ich ihm befehle‹, und er las die Zauberworte, die er brauchte, so oft durch, bis er sie auswendig wußte.

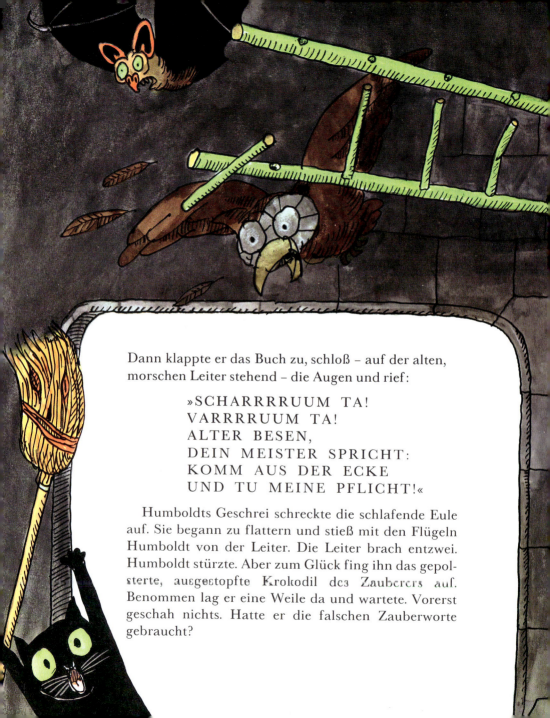

Dann klappte er das Buch zu, schloß – auf der alten, morschen Leiter stehend – die Augen und rief:

»SCHARRRRUUM TA!
VARRRRUUM TA!
ALTER BESEN,
DEIN MEISTER SPRICHT:
KOMM AUS DER ECKE
UND TU MEINE PFLICHT!«

Humboldts Geschrei schreckte die schlafende Eule auf. Sie begann zu flattern und stieß mit den Flügeln Humboldt von der Leiter. Die Leiter brach entzwei. Humboldt stürzte. Aber zum Glück fing ihn das gepolsterte, ausgestopfte Krokodil des Zauberers auf. Benommen lag er eine Weile da und wartete. Vorerst geschah nichts. Hatte er die falschen Zauberworte gebraucht?

Nein! Der Besen begann sich zu regen. Er wippte an seinem Ende, kippte hoch, richtete sich auf. Hopp hopp.

Hurra! Der Zauber hatte gewirkt! Der Besen machte sich an die Arbeit. Humboldt deutete auf den Eimer und rief: Hopp hopp! Der Besen hopste zum Eimer, angelte sich den Tragbügel und hängte sich den Eimer um. Dann hüpfte er quer über den Kellerboden, hopste hinaus und all die vielen, vielen steilen Treppenstufen hinunter zum Rhein.

Am Ufer wippte er und kippte er, tauchte den Kessel ins Wasser, zog ihn gefüllt heraus und hüpfte wieder hinauf, all die vielen, vielen steilen Stufen empor.

Ohne anzuhalten, schleppte der Besen den Eimer ins Schloß und stürzte das Wasser in einem Guß in die Wasserwanne.

Dann wiederholte sich alles: Der Besen hüpfte über die Türschwelle, tänzelte und schwänzelte, humpelte und rumpelte zum Rhein hinunter.

»Hurra!« schrie Humboldt übermütig. »Ich hab es geschafft! Ich kann zaubern! Die Zauberkräfte arbeiten für mich!«

Humboldt erhaschte die Katze des Zauberers, tanzte und wirbelte durchs Zimmer. Humboldt wirbelte und tanzte, der Besen rumpelte und humpelte, und das Wasser stieg in der Wanne.

Weil Humboldt aber die Schlangen des Zauberers hätschelte und die Salamander tätschelte, ließ er den Trog aus den Augen. Er spielte ein Murmelspiel mit den magischen Steinen und kochte sich Tee auf dem kosmischen Ofen. Warum denn nicht? Der Zauberer war weit weg, und Humboldts Arbeit wurde auch getan. Wer sollte ihn verraten, da niemand es wußte?

Endlich entdeckte Humboldt die Bescherung. Der Trog war bis zum Rand gefüllt.

»Halt, Besen, das genügt! Stell dich in die Ecke!« rief Humboldt.

Aber der Besen verstand ihn nicht. Er tänzelte und schwänzelte all die vielen, vielen steilen Treppenstufen hinauf und hinunter. Er goß Eimer um Eimer in die Wanne, welche nun überzufließen begann. Wasser rieselte an allen Seiten hinunter. Wasser durchtränkte den Türvorleger. Wasser sammelte sich vor der Kellertüre zu einem Tümpel. Die Katze, die feuchte Pfoten nicht leiden mochte, fauchte und jaulte erbost.

Jetzt wurde Humboldt von Angst gepackt. »Hör auf, Besen! Hör endlich auf! Mach, was ich dir sage! Auf der Stelle!« flehte er.

Aber der Besen nahm keine Notiz. Er rumpelte und humpelte mit den vollen Wassereimern wie zuvor.

Das überlaufende Wasser näßte den Zementboden. Das Feuer im Ofen erlosch mit Zischen. Nur die Salamander klatschten und platschten munter ihre Schwänze in die Wasserfluten.

Ja, Humboldt konnte nicht mehr aufhalten, was er heraufbeschworen hatte. Und er konnte auch das Zauberbuch nicht mehr zu Hilfe nehmen, denn die Leiter war zerbrochen. Humboldt war verzweifelt.

»Ich Unglücksrabe!« heulte er. »Was wird der Meister sagen? Was wird um Gottes willen mit mir geschehen, wenn er sieht, was ich getan habe? Vielleicht macht er eine Kröte aus mir. Oder er jagt mich fort. Oder er bestraft mich mit etwas Schrecklichem. Warum nur habe ich mir das Zauberwort nicht gemerkt, das dem Besenzauber ein Ende setzt!«

In der Hoffnung, daß dieselben Worte, die den Besen in Bewegung gesetzt hatten, ihn auch aufhalten könnten, rief Humboldt:

»SCHARRRRUUM TA!
VARRRRUUM TA!
ALTER BESEN,
DEIN MEISTER SPRICHT:
HÖR ENDLICH AUF!
DU TATST DEINE PFLICHT!«

Nichts geschah, darum rief Humboldt:

»SCHARRRRUUM TA!
VARRRRUUM TA!
BESEN, BESEN,
KANNST DU NICHT HÖREN,
TU WAS ICH WILL!
STEH SOFORT STILL!«

Aber der Besen hopp hopp hopp lief weiter, sprang und hüpfte und trug Wasser herbei. Nichts konnte ihn aufhalten, weder das Vertauschen der Zauberworte, noch das Erfinden neuer Beschwörungen.

Das Wasser reichte Humboldt schon bis zum Gürtel. Die Katze kletterte auf die Möbel, die Schlangen glitten in die aufgebundenen Vorhänge. Naß bis auf die Knochen, erkannte Humboldt entsetzt, daß er nun etwas unternehmen *mußte*. Entschlossen ergriff er die Axt des Zauberers.

Als der Besen mit den schweren Eimern wieder daherhopste, erhob Humboldt die Axt und – racks knacks! – spaltete er ihn von oben bis unten.

Dann war es still.

»Oho, dich hab ich aber erwischt«, frohlockte Humboldt. »Du hast deinen Lohn, du wirst mir keine Schwierigkeiten mehr machen!«

Kaum gesagt, geschah etwas ganz und gar Unglaubliches, Furchtbares. Die beiden Besenhälften wippten und kippten, hängten sich je einen Eimer um und rumpelten und humpelten die vielen, vielen steilen Treppenstufen hinunter. Nein, noch schlimmer. Alle Splitter und Späne wurden zu großen, kleinen, mittleren Besen. Und jeder brachte in einem Eimer noch mehr Wasser herbei; alle tänzelten und schwänzelten vom Rhein zum Schloß.

Die Fluten reichten nun bis zum obersten Tablar, wo das Buchschränklein stand. Humboldt schwamm um sein Leben und grapschte nach dem schwimmenden Zauberbuch, das ihm aber immer wieder entschlüpfte.

Die Katze und die Eule klammerten sich auf dem Deckenleuchter fest. Zaubergefäße barsten, Bauchgläser platzten. Das magische Pulver und Tabletten wurden in die Trümmer gespült, färbten das Wasser rosa- und purpurrot, enzianblau und giftgrün.

Und die Besen trugen Wasser herbei. Noch mehr Wasser. Die Wellen kräuselten sich und brausten, begossen, umflossen alles und jedes. Sie hoben und schoben Möbel, knufften und pufften die Tiere.

Humboldts Finger, die sich ans oberste Gestell kammerten, glitten ab, ließen los.

»Hilfe!« schrie Humboldt, »hilf mir, Meister! Ich ertrinke! Ich gehe unter!«

Plötzlich zuckte ein greller Lichtblitz auf! In einer Wolke fahlblauen Pulvers erschien der Zauberer zuoberst auf der Treppe. Er brüllte mit schrecklich zorniger Donnerstimme:

»HALT TA!
STALT BA!
IM AUGENBLICK
IN DIE ECKE ZURÜCK!«

Langsam sank das Wasser.
Langsam wurde Humboldt auf den Boden geschwemmt.

Langsam wurde alles wieder so, wie es gewesen war.

»Mmmmmmeister, es war nur ein Scherz«, stammelte Humboldt erschöpft. »B-bi-bitte bestraf mich nicht!«

»Ha!« rief der Zauberer, und seine Augen sprühten Funken. Dann wies er auf den Eimer.

Durchnäßt und mit windelweichen Knien schlurfte Humboldt zur Ecke. Er bückte sich und ergriff den leeren Eimer. Aber als sich Humboldt bückte, kippte der Besen. Klaps schwaps tanzte er auf Humboldts Hinterteil und trieb den Jungen mit dem Eimer in der Hand die vielen, vielen steilen Treppenstufen hinunter zum Rhein.

Über Illustrator und Autorin

TOMI UNGERER wurde am 28. November 1931 als Sohn einer Uhrmacherfamilie in Straßburg geboren. Nach der Schulzeit begann ein Wander- und Militärleben, das ihn durch ganz Europa und bis zu den französischen Kamelreitertruppen in Nordafrika brachte. Erste Zeichnungen veröffentlichte er im »Simplicissimus«; 1956 ging er nach New York, wo sein unaufhaltsamer Aufstieg als Zeichner, Maler, Illustrator, Kinderbuchkünstler und Werbegrafiker begann. Er erhielt über fünfzig Auszeichnungen und Preise, darunter »The Society of Illustrators' Gold Medal«. Sein Ruhm drang bis zur bundesdeutschen Regierung, für die er 1971 eine Anzeigen-Serie entwarf.
Seine »Bücher für Erwachsene« wie *Die Party* (1966) und *Fornicon* (1970) sind böse Gesellschafts-Satiren; von seinen rund 50 Kinderbüchern hat er fast die Hälfte selbst geschrieben; einige davon sind in mehr als zehn Sprachen (sogar ins Chinesische) übersetzt worden. Das Buch *Papa Schnapp und seine noch-nie-dagewesenen Geschichten* ist nach Modellen seiner kostbaren Spielzeugsammlung gezeichnet und erdacht; die Sammlung selbst hat er inzwischen dem Historischen Museum seiner Geburtsstadt Straßburg vermacht.
Er hat Bücher von Ambrose Bierce, Henry Slesar, H.G. Wells und vielen anderen illustriert, aber sein bisher größtes Illustrationswerk ist *Das große Liederbuch*. Für diese Bilder zu deutschen Volksliedern aus fünf Jahrhunderten hat er fünf Jahre gearbeitet, Reisen durch Deutschland, Österreich, das Elsaß und die Schweiz gemacht und Tausende von Skizzen angefertigt. 1970 zog er mit seiner Frau nach Nova Scotia (Kanada) auf eine eigene Farm mit eigenen Schafen, Kühen und Pferden, eigenem Wald und viel Land; inzwischen hat er drei kleine Kinder und ein europäisches Domizil in Irland. Das Musée des Arts Décoratifs in Paris brachte im Frühjahr 1981 eine große Ungerer-Retrospektive (weitere Stationen: Düsseldorf, München und Straßburg), und das Wilhelm-Busch-Museum in Hannover zeigte im September 1981 Cartoons des Künstlers.
In Kanada wurde Tomi Ungerer zum »Cartoonist of the Year 1981« gewählt.

BARBARA HAZEN wurde 1930 in Dayton, Ohio, geboren und lebt heute in New York. Sie hat seit 1958 rund fünfzig Kinderbücher geschrieben und sagt von sich: »Ich habe immer ein oder zwei Kinderbücher im Hinterkopf... Schreiben ist wie Reisen: eine wunderbare Möglichkeit, Dinge zu erforschen, zu erfahren und Leute kennenzulernen – auch sich selbst.«

Das Original

Der Zauberlehrling

Hat der alte Hexenmeister
Sich doch einmal wegbegeben!
Und nun sollen seine Geister
Auch nach meinem Willen leben!
Seine Wort und Werke
Merkt ich und den Brauch,
Und mit Geistesstärke
Tu ich Wunder auch.

    Walle! walle
    Manche Strecke,
    Daß zum Zwecke
    Wasser fließe,
    Und mit reichem, vollem Schwalle
    Zu dem Bade sich ergieße!

Und nun komm, du alter Besen!
Nimm die schlechten Lumpenhüllen!
Bist schon lange Knecht gewesen;
Nun erfülle meinen Willen!
Auf zwei Beinen stehe,
Oben sei ein Kopf,
Eile nun und gehe
Mit dem Wassertopf!

    Walle! walle
    Manche Strecke,
    Daß zum Zwecke
    Wasser fließe,
    Und mit reichem, vollem Schwalle
    Zu dem Bade sich ergieße!

Seht, er läuft zum Ufer nieder;
Wahrlich! ist schon an dem Flusse,
Und mit Blitzesschnelle wieder
Ist er hier mit raschem Gusse.
Schon zum zweiten Male!
Wie das Becken schwillt!
Wie sich jede Schale
Voll mit Wasser füllt!

    Stehe! stehe!
    Denn wir haben
    Deiner Gaben
    Vollgemessen! –
    Ach, ich merk es! Wehe! wehe!
    Hab ich doch das Wort vergessen!

Ach, das Wort, worauf am Ende
Er das wird, was er gewesen.
Ach, er läuft und bringt behende!
Wärst du doch der alte Besen!
Immer neue Güsse
Bringt er schnell herein,
Ach! und hundert Flüsse
Stürzen auf mich ein.

    Nein, nicht länger
    Kann ich's lassen;
    Will ihn fassen.
    Das ist Tücke!
    Ach! nun wird mir immer bänger!
    Welche Miene! welche Blicke!

Oh, du Ausgeburt der Hölle!
Soll das ganze Haus ersaufen?
Seh ich über jede Schwelle
Doch schon Wasserströme laufen.
Ein verruchter Besen,
Der nicht hören will!
Stock, der du gewesen,
Steh doch wieder still!

Willst's am Ende
Gar nicht lassen?
Will dich fassen,
Will dich halten,
Und das alte Holz behende
Mit dem scharfen Beile spalten.

Seht, da kommt er schleppend wieder!
Wie ich mich nun auf dich werfe,
Gleich, o Kobold, liegst du nieder;
Krachend trifft die glatte Schärfe!
Wahrlich, brav getroffen!
Seht, er ist entzwei!
Und nun kann ich hoffen,
Und ich atme frei!

    Wehe! wehe!
    Beide Teile
    Stehn in Eile
    Schon als Knechte
    Völlig fertig in die Höhe!
    Helft mir, ach! ihr hohen Mächte!

Und sie laufen! Naß und nässer
Wird's im Saal und auf den Stufen.
Welch entsetzliches Gewässer!
Herr und Meister! hör mich rufen! –
Ach, da kommt der Meister!
Herr, die Not ist groß!
Die ich rief, die Geister,
Werd ich nun nicht los.

    »In die Ecke,
    Besen! Besen!
    Seid's gewesen!
    Denn als Geister
    Ruft euch nur zu seinem Zwecke
    Erst hervor der alte Meister.«

JOHANN WOLFGANG VON GOETHE

Ein Leserbrief

29. März 1973

Sehr geehrte Herren,
es gibt Kinderbücher, die ich liebe, und solche, bei denen ich nicht einsehen kann, weshalb man Papier vergeudet hat, um sie zu drucken, aber eigentlich schockiert und *abgestoßen* hatte mich bisher noch keines. Ich spreche vom *Zauberlehrling* von Barbara Hazen und Tomi Ungerer, erschienen 1969.
Vielleicht werden Sie meinen Standpunkt für den einer übertrieben frommen oder rasch schockierten Person halten. Seien Sie versichert, daß beides nicht zutrifft. Im Gegenteil, ich wollte, meine Frömmigkeit wäre tiefer, aber wie klein mein Glaube auch sein mag, so bin ich doch gläubig. Und ich spreche vom Standpunkt eines Christen aus.
Die Realität Satans und seiner Werke ist heute offenkundig. Er ist clever, sicher. Er mischt gerade soviel Falsches mit Wahrem, daß wir oft das Falsche nicht einmal erkennen. *Die Zahl der praktizierenden Hexen und der Teufelsanbeter hat unbestreitbar zugenommen.* Viele Leute versuchen sich im Okkultismus; Tarock-Karten, Handlesen, Horoskope, Alphabettafeln – was Sie nur wollen. Das gilt als »in«. Des Teufels Tücken. (Töne ich wie ein alter Feuer-&-Schwefel-Prediger? Ich bin keiner, aber wir könnten auch davon einige mehr brauchen!)
Ich bin keine Fanatikerin, aber ich bin eine Christin und überzeugt, daß dieses Buch eine teuflische Unterströmung hat. Es verführt die Kinder zum Magischen. An und für sich mag das nur als harmloser Spaß für Kinder erscheinen, aber es ist auch ein schlauer Trick Satans, dem Menschen zu »versichern«, daß er sich auf übernatürliche Kunststücke ebenso gut versteht wie Gott. Ohne Zweifel *ist* Satan zu viel Magie & übernatürlichen Kunststücken fähig. Das ist kein Scherz. Doch Gott ist stärker, er kann Satan bezwingen – *falls* wir ihn gewähren lassen.
Jetzt, da Sie wissen, von welchem Standpunkt aus ich spreche, lassen Sie mich zeigen, was mir durch das ganze Buch hindurch das Gefühl des Bösen gab:
1. Die Innenseite des Einbandes zeigt ein Labyrinth von Treppen, auf denen allerlei ungeheuerliche Dinge verstreut sind. Am störendsten ist die aus einem Loch herausgestreckte Zunge und das Erbrochene, das aus einem anderen Loch über die Wand hinunterrinnt.
Wenn wir ein Kind zum ersten Mal in etwas einführen, beginnen wir auf einer einfachen Stufe und arbeiten uns dann aufwärts. Diese Illustrationen sind ein schönes Beispiel einer Einführung in blutrünstige Dinge. Beginne bei kleinem und baue eine Unempfindlichkeit auf. Mit 12 oder 13 Jahren sollten die Kinder auf dem besten Wege sein, gegen Sensibilität immun zu werden. Als Erwachsene sind sie dann so immun, daß sie bei den Teufelsanbetern mitmachen kön-

nen, deren Ritual manchmal darin besteht, einen Hund lebendigen Leibes zu häuten.

Nun, ich stimme Ihnen zu, ich betone das Negative. Ich behaupte nicht, jedes Kind, das ein solches Buch liest, wird ein Anhänger Satans. Mein Ziel ist es, Ihnen zu zeigen, weshalb sich ein solches Buch dazu eignet, ein Kind dahin zu bringen.

2. In der Kellerwerkstatt des Zauberers sieht man (neben Mumien, Skeletten und Zaubergeräten) ein Ungeheuer in einem Käfig. Eine gelbe Flüssigkeit mit roten Klumpen drin rinnt aus seinem Verlies. Sieht mir ganz nach noch mehr Erbrochenem aus!

3. In einer Mauernische hat der Zauberer eine Frauenbüste. Diese sieht nicht wie eine Statue aus, sondern wie ein Teil einer richtigen Frau, mit einem Mund, der mitten in einem blutgerinnenden Schrei erstarrt scheint. Der obere Teil von Kopf & Gesicht ist mit einem grauen Tuch zugedeckt. (Ich nehme an, das bedeutet, daß sie tot ist?) Die Frau ist mitten durch die Brüste und Achselhöhlen abgeschnitten, nicht auf Schulterhöhe wie die meisten Büsten. (Was ist das – eine Einführung in die Unsittlichkeit für Kinder im Vorschulalter?)

4. Eine dreizinkige »Mistgabel« mit Pfeilen an den Zinken braucht keine weitere Erklärung.

5. Ein Krake in einer Wanne läßt einen Arm über den Rand hängen. Der Arm ist durchtrennt worden, Blut strömt heraus.

6. Der Hexenmeister ist dabei, eine Spinne an einem Bindfaden vor einem, wie mir scheint, hungrigen Fisch hin und her baumeln zu lassen. Ich nehme an, es wäre ein großer »Spaß« zu sehen, wie der Fisch die Spinne tötet und verzehrt!

7. Hinter dem Zauberer ist der erschreckendste aller Gegenstände. Es ist der Widderkopf mit gelben Augen. Der Widder steht aufrecht, wie ein Mensch, und trägt ein purpurnes Gewand. (Ist Purpur nicht die Farbe des Königs?) Wissen Sie auch, daß der Widder Satan symbolisiert? Bei gewissen Teufelsritualen und an geheimen Versammlungen (dieses Wort wird im Buch sogar verwendet) mußten, so wird berichtet, Hexen und/oder andere Teilnehmer sich auf Hände und Knie niederlassen und das Hinterteil des Widders küssen... (um es anständig zu sagen!) Das wenige, was ich über dieses bestimmte Ritual weiß, wird von den Hexentagen im alten Salem berichtet, aber Hexerei ist heute sicher in Mode.

Der Ring, den die Teufelsanbeter gewöhnlich tragen, zeigt den Kopf eines Widders mit Frauenbrüsten.

8. Am Ende dieses Buches wird der Zauberlehrling verprügelt und über Steinstufen zum Rhein hinuntergeschmissen. So endet die Geschichte. Für kleine Kinder ist das keine allzu schreckliche Strafe, aber wie steht es mit dem größeren Kind, das fragt, was mit dem Zauberlehrling nachher geschieht? Heißt das, daß der Zauberlehrling ertrinkt? Das Buch sagt, er sei *zum* Fluß, nicht *in den* Fluß geschmissen worden, aber der Gedankenschluß ist sicher da!

Dieses Buch ist ein richtiger Kopf-Verdreher für Kinder. Ich bin äußerst bestürzt, daß ein solches Buch überhaupt gedruckt worden ist, ganz zu schweigen davon, daß es im Büchergestell unserer Bibliothek steht.

Wenn Sie keine Christen sind und nicht an Satan oder an seine Macht glauben, werden Sie diesen Brief für ungerechtfertigt halten & das Buch als leichte Unterhaltung für Kinder betrachten. Und Satan wird wieder eine Schlacht gewonnen haben! Ein geeigneterer Titel für dieses Buch wäre vielleicht »Die Einführung des Kindes in Hexerei und Okkultismus«.

Möge Gott Ihnen die Augen öffnen.

Mrs. Jay Kurth
Middle Beloit, Wisconsin, USA